SAMMY checkt's

Regenwald-Safari

Teste dein Wissen

Sophie Verlag

BILDNACHWEIS

Illustrationen: Ferruccio. Cucchiarini;

Shutterstock: Eichhörnchen Sammy von shockfactor; bunte Pflanzen und Hintergrund von Daiquiri; Studio_G S. 6; Panaiotidi S. 7, S. 15; Nicolas Primola S. 10, S. 11, S. 17, S. 47; Fabian Plock S. 11; natnatnat S. 13, S. 28, S. 33; ogurechka S. 13, S. 33; sokolova_sv S. 17, S. 59; Artens S. 19; Gringoann.art S. 19, S. 23, S. 46; Dirk Ercken S. 20; Jess Kraft S. 26; Luc Kohnen S. 27; Alona K S. 28; AlexGreenArt S. 28, S. 33; MBV1 S. 29; Nowaczyk S. 31; guentermanaus S. 32; pp1 S. 32; Paralaxis S. 36; Uwe Bergwitz S. 37, S. 42; Eric Isselee S. 37; Milton Rodriguez S. 37; Sahara Frost S. 38; Morphart Creation S. 39; Volodymyr Krasyuk S. 39; Xyo S. 39; Chris Rinckes S. 40; Berendje Fotografie S. 41; Mogens Trolle S. 41; cellistka S. 42; Leo Arauzo S. 42; Ondrej Prosicky S. 43; lanapan S. 44; Margus Vilbas S. 45; Edwin Butter S. 46; Agami Photo Agency S. 47, S. 62; Wpainter-Std S. 48; Mega Pixel S. 51; Sharomka S. 51; Cocos.Bounty S. 53; Singkham S. 53; kakteen S. 54; Rich Carey S. 55; Andrei Shumskiy S. 56; MarkFoxPhoto S. 56; Ground Picture S. 57; Rawpixel.com S. 57; Ziablik S. 57; klyaksun S. 58; reptiles4all S. 62;
Hintergründe: Wpainter S. 3, S 48–49; MiguelAngelDelCarpio S. 4–5; klyaksun S. 14–15, S. 58–59, S. 60–61, S. 62–63; Designsells S. 24–25; S. 34–35, S. 64;

Der Verlag hat sich bemüht, die Rechte sämtlicher verwendeter Abbildungen sowie auch Textzitate mit den jeweiligen Rechteinhabern zu klären. Sollten Rechteinhaber berechtigte und nachweisbare Ansprüche anmelden wollen, bittet der Verlag sie um Kontaktaufnahme.

Konzeption: Redaktion
Text: Redaktion als Sammy
Illustrationen Regenwald: Ferruccio Cucchiarini, Apecchio
Lektorat: Wortlichtung Karen Moser, Au in der Hallertau
Cover-Layout: Basisentwurf Florian v. Wissel, Köln adaptiert von Nina Hultsch, Hamburg
Layout: Nina Hultsch, Hamburg
Projektmanagement: Wortlichtung Karen Moser, Au in der Hallertau
Druck und Bindung: GPS Internationale Handels Holding Gmbh
Gedruckt in Slovenien

MIX
Papier | Fördert gute Waldnutzung
FSC® C118234

ISBN: 978-3-96808-037-6

Nachdruck 5 4 3 2 1
Druckjahr 2028 2027 2026 2025 2024

BIST DU BEREIT FÜR DIESES ABENTEUER?

Wie schön, dich zu sehen! Gemeinsam mit unserem abenteuerlustigen Freund Sammy machen wir uns auf eine aufregende Reise durch die grüne Pracht des Regenwaldes. Sammy braucht deine Hilfe, um genug Nüsse zu sammeln und sicher nach Hause zu gelangen. Bist du bereit für ein unvergessliches Abenteuer im Herzen des Regenwaldes?

Über diesen **QR-Code** kannst du dir eine **Druckvorlage** herunterladen, auf der du deine **Nuss-Ausbeute** aus jedem Kapitel notieren kannst!

Inhaltsverzeichnis

SAMMYS EXPEDITION

Mit klopfendem Herzen springt der abenteuerlustige Eichhörnchen-Abenteurer Sammy aus seiner Zeitreisemaschine. Neugierig bestaunt er die gigantischen Pflanzen, die hoch über ihn emporragen. Das Geräusch des prasselnden Regens mischt sich mit Vogelgezwitscher. Hinter Sammy huschen ein paar exotische Tiere durch das dichte Grün. Das ist wahrlich nicht mehr der vertraute Wald, in dem Sammy zu Hause ist.
„Wow! Sieht so aus, als hätte alles geklappt! Das muss der Regenwald sein!", ruft er begeistert. Auf diese Expedition hat er sich seit Wochen gefreut.
Sammy überprüft seinen Vorratstank, in dem nur noch ein paar Nüsse übrig sind – der kostbare Treibstoff für seine Zeitreisemaschine. „Um später nach Hause zurückzukommen, brauche ich jede Menge Nüsse. Magst du mir dabei helfen? Ja? Fantastisch! Dann lass uns gemeinsam auf Regenwald-Safari gehen!"

Und so funktioniert die Treibstoffsuche:

Ziel ist es, für Sammys Zeitreisemaschine so viele **Nüsse** wie möglich zu sammeln, damit er wieder zurück in seinen Wald reisen kann.

Beim **Startpfeil** findest du das erste **Fragefeld**. Die Frage, die du dort findest, musst du beantworten. Von den Fragen gehen **helle Pfade** ab, folge ihnen, sie führen dich zu den **Antwortfeldern** mit den Lösungen. Bei den Lösungen kann es mehrere richtige oder auch falsche Antworten geben.

Auf den Quizwegen gilt es, möglichst viele Nüsse einzusammeln und den **Endpunkt** zu erreichen. Du kannst auch auf dem Forschungsfluss Nüsse finden – und bei Sammys wilden Erlebnissen in den Kurzgeschichten wieder verlieren.

Die **Richtungspfeile** zeigen dir an, in welche Richtung du die Wege gehen darfst. Endet ein Pfad an der Blattkante, geht es nach dem Umblättern genau an der gleichen Stelle auf der neuen Seite weiter.

Manchmal kennt Sammy auch einen **Schleichpfad**, den du nehmen kannst. Versuche den Weg zu finden, bei dem du die meisten Nüsse abstauben kannst.

Dieses Symbol erinnert dich daran, aufzuschreiben, wie viele Nüsse du schon gesammelt hast. Gerne kannst du dafür die Vorlage verwenden. Am Ende des Buches erfährst du, wie weit Sammy mit deinem Treibstoff reisen kann.

Willkommen in der Welt des Regenwaldes
Unterwegs auf Quizpfaden

START

Welche Regenwälder gibt es?

Tropische Regenwälder

Regenwälder der gemäßigten Klimazone

Regenwälder der Wüste

HA, HA, HA, DA LIEGST DU DANEBEN!

Kolibri

Spannend!

Im Regenwald gibt es keine Jahreszeiten wie Sommer oder Winter. Es ist das ganze Jahr über warm und feucht, deshalb bleiben die Bäume immer grün.

Was zeichnet einen Regenwald aus?

Viel Regen

Viel Nebel

Tukan

MIST, DAS MIT DER WÜSTE HÄTTE ICH WISSEN KÖNNEN.

Wusstest du, dass ...

... der Regenwald einer der artenreichsten Orte der Erde ist? Im Regenwald leben sehr viele verschiedene Pflanzen und Tiere – und ständig werden neue entdeckt.

Warum ist der tropische Regenwald so feucht?

- Passatwinde bringen feuchte Meeresluft
- Wasserdampfbildung
- Ständige Verdunstung
- Regelmäßige Niederschläge

Ara

Welche Waldarten umfasst der tropische Regenwald?

- Bergregenwald
- Feucht- oder Monsunwald
- Nebelwald
- Tieflandregenwald

Einzigartig!

Jede dieser Waldarten beherbergt unterschiedliche Pflanzen- und Tierarten, die sich perfekt an ihre spezifischen Lebensräume angepasst haben.

KOMM MIT, AUF DER NÄCHSTEN SEITE GEHT'S WEITER!

Willkommen in der Welt des Regenwaldes
Unterwegs auf Quizpfaden

REGENWÄLDER GIBT ES JA AUF FAST JEDEM KONTINENT!

Wo findet man tropische Regenwälder?

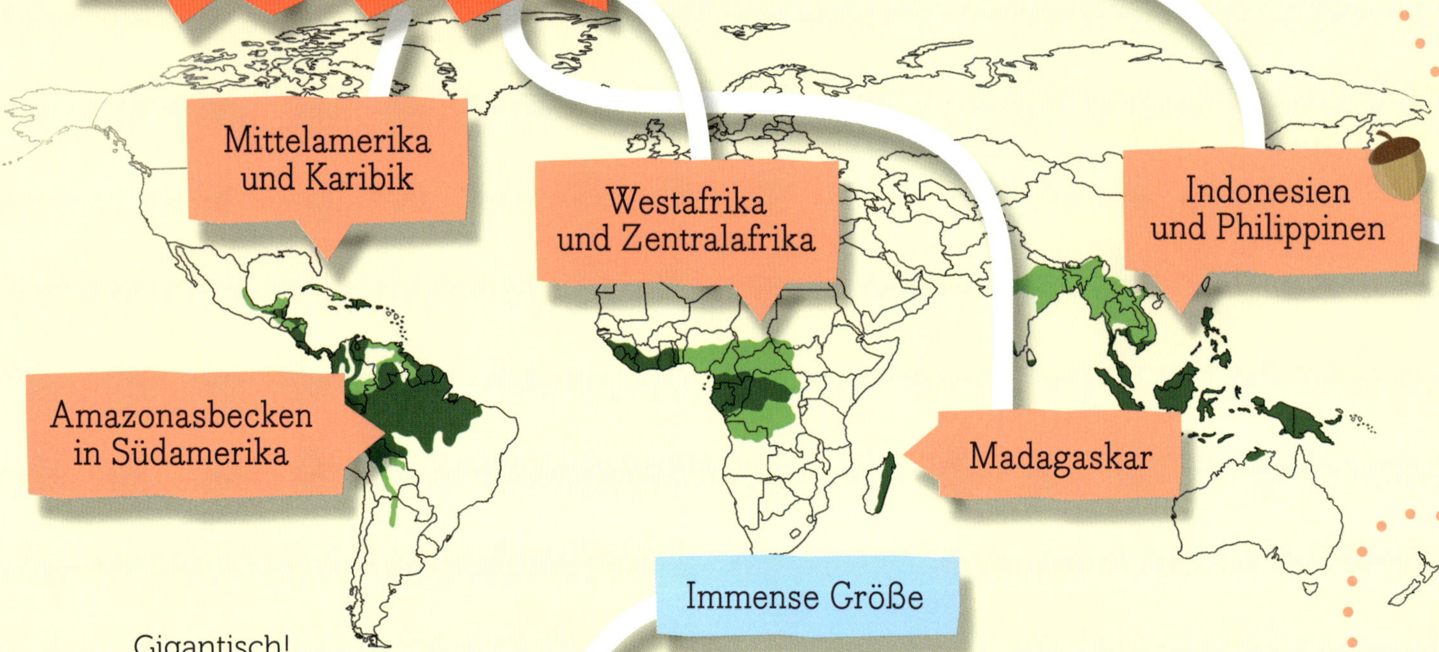

Immense Größe

Gigantisch!

Der Amazonasregenwald ist der größte Wald der Erde und bedeckt mehr als die Hälfte Südamerikas.

Kaum zu glauben!

Unter Wissenschaftlern ist umstritten, welcher Fluss der längste der Welt ist: Nach einigen Messungen ist es der Nil, nach anderen der Amazonas.

Was macht den Amazonasregenwald so einzigartig?

Wasserreiches Flusssystem

Artenreichste Region der Erde

Spannend

Alexander von Humboldt wurde als „der größte Gelehrte des Jahrhunderts" bezeichnet. Seine Expeditionen in verschiedene Länder brachten die Naturwissenschaften entscheidend voran.

Was brachte Alexander von Humboldts Amazonas-Expedition im 18. Jahrhundert?

Neue Erkenntnisse über die Tier-und Pflanzenwelt

Grundlegende Informationen über die Ökosysteme des Regenwaldes

Informationen zu Geografie und Klima der Region

Tausende Proben

Nach seiner Expedition brachte von Humboldt Tausende von Aufzeichnungen und Proben mit nach Deutschland. Es dauerte viele Jahre, bis er alles ausgewertet hatte.

Kartierung des Flusssystems

Wie beeinflussen Regenwälder weltweit das Wetter und die Vielfalt der Tier- und Pflanzenwelt?

Die Sauerstoffproduktion des Regenwaldes reguliert das Klima weltweit

Sie sind wichtig für die Vielfalt von Leben auf der Erde

Sie bieten Lebensraum für eine Vielzahl von Tier- und Pflanzenarten

NOTIERE DIR DEINEN NUSS-STAND!

Willkommen in der Welt des Regenwaldes
Expedition auf dem Forschungsfluss

Brillenkauz

Welche Regenwälder gibt es?

Wer an Regenwald denkt, stellt sich oft einen feuchtwarmen Dschungel in den Tropen vor, wo sich auch die meisten Regenwälder befinden. Ein Regenwald ist aber einfach ein Wald, in dem es viel regnet, mehr als 2000 Liter pro Jahr und Quadratmeter. Das entspricht ungefähr zehn vollen Badewannen! Solche Wälder gibt es auch in kühleren Regionen außerhalb der Tropen. Deshalb gibt es tropische Regenwälder und solche in gemäßigten Klimazonen.

Welche Waldarten umfasst der tropische Regenwald?

Es gibt drei Arten von tropischen Regenwäldern: Tieflandregenwälder wachsen bis zu einer Höhe von 800 Metern, Bergregenwälder ab 1000 Metern und Nebelwälder über 2000 Metern, weil dort oft Wolken durch die Bäume ziehen. In Gebieten mit extremen Wechseln zwischen Trocken- und Regenzeiten gibt es auch Feucht- oder Monsunwälder.

Scharfe Beißer

Piranhas sind berühmt für ihre scharfen Zähne und ihren Ruf als gefährliche Raubfische. Tatsächlich sind sie jedoch meist Aasfresser.

Piranha

Kaiman

Jaguar

Was zeichnet einen Regenwald aus?

Im Regenwald ist es das ganze Jahr über warm und feucht, deshalb bleiben die Bäume immer grün. Neben viel Nebel und Regen zeichnet sich der Regenwald durch eine dichte Vegetation, eine Vielzahl von Tierarten und eine hohe Luftfeuchtigkeit aus.

Nebelschwaden

Nebelwälder sind einzigartige Ökosysteme in feuchten Bergregionen. Aufgrund der häufigen Nebelbildung herrscht hier eine extrem hohe Luftfeuchtigkeit, die eine vielfältige Tier- und Pflanzenwelt begünstigt.

Schrecklicher Pfeilgiftfrosch

Warum ist der tropische Regenwald so feucht?

Der tropische Regenwald ist so feucht, weil es dort immer warm ist. Die Sonne am Äquator scheint das ganze Jahr über stark und heizt die Erde auf. Dadurch verdunstet Wasser aus Flüssen, Seen, Bächen und Pflanzen. Die feuchte Luft steigt auf und bildet am Nachmittag Wolken, aus denen es regnet. Am nächsten Tag lässt die Sonne das Regenwasser wieder verdunsten und der Kreislauf beginnt von Neuem. Außerdem bringen die Passatwinde feuchte Luft vom Ozean ins Landesinnere, die ebenfalls Regenwolken bildet. Deshalb regnet es im Regenwald viel mehr als bei uns.

Willkommen in der Welt des Regenwaldes
Expedition auf dem Forschungsfluss

Wo findet man tropische Regenwälder?

Tropische Regenwälder und tropische Feucht- und Monsunwälder gibt es in Mittelamerika, in der Karibik, im Amazonasbecken Südamerikas, in Westafrika, Zentralafrika, Madagaskar, Indonesien und auf den Philippinen. In diesen Regionen gibt es tropische Regenwälder, weil sie in der Nähe des Äquators liegen, wo es das ganze Jahr über warm ist. Es regnet viel, weil die Luft feucht ist. Die Landschaft mit vielen Flüssen und Bergen ist ideal für das Wachstum von Regenwäldern.

Überraschend!

Tropische Regenwälder gibt es auch an weniger bekannten Orten, zum Beispiel in Australien: Daintree Rainforest.

Alexander von Humboldt

Entdecker

Alexander von Humboldt war einer der ersten Forscher, der den tropischen Regenwald genau untersuchte. Er entdeckte viele neue Pflanzen und Tiere und zeichnete detaillierte Karten.

Was brachte Alexander von Humboldts Amazonas-Expedition im 18. Jahrhundert?

Alexander von Humboldts Expeditionen in das Amazonasgebiet brachten viele neue Erkenntnisse über die Tier- und Pflanzenwelt, die Geografie und das Klima der Region. Er entdeckte und dokumentierte viele bis dahin unbekannte Tier- und Pflanzenarten und trug maßgeblich zur Kartierung des Flusssystems bei. Seine Forschungen lieferten grundlegende Informationen über die Vielfalt der Ökosysteme im Regenwald.

Was macht den Amazonasregenwald so einzigartig?

Der Amazonasregenwald ist so riesig, dass man ihn sich kaum vorstellen kann! Er erstreckt sich über neun Länder Südamerikas, der größte Teil davon in Brasilien. Tausende von Flüssen durchziehen diesen Wald, der den größten Fluss der Welt, den Amazonas, beherbergt. Dieser Fluss ist sogar länger als die Strecke von Berlin nach New York! Der Amazonasregenwald ist die Heimat von Millionen verschiedener Tiere und Pflanzen und gilt als einer der artenreichsten Orte der Welt.

Kakaofrucht

Açaibeeren

Wie beeinflussen Regenwälder weltweit das Wetter und die Vielfalt der Tier- und Pflanzenwelt?

Regenwälder sind unglaublich wichtig für unser Ökosystem. Sie sind voller Leben, mit einer großen Vielfalt an Pflanzen und Tieren. Diese Vielfalt bietet nicht nur vielen Lebewesen einen Lebensraum, sondern auch uns Menschen wichtige Ressourcen wie Medizin und Nahrung. Regenwälder helfen auch, das Klima zu regulieren, indem sie CO_2 aufnehmen und Sauerstoff produzieren. Kurz: Sie sind lebenswichtig für unseren Planeten und seine Gesundheit.

EIN TIEFER FALL

Mittlerweile regnet es in Strömen und Sammys Fell ist völlig durchnässt, aber das kann seiner guten Laune nichts anhaben – schließlich habt ihr schon eine Menge Nüsse gesammelt! Mit dem Netz voller Nüsse macht er sich auf den Weg, um sie in den Tank umzufüllen.

Dazu muss er über einen glitschigen Baumstamm, der wie eine schmale Brücke die Schlucht überspannt. Sammy balanciert vorsichtig darüber und gerät plötzlich ins Wanken. Zwei Nüsse entgleiten seinen Pfoten, rollen den steilen Abhang hinunter und verschwinden in der Schlucht.

„Verflixt!", ruft Sammy und rudert mit den Armen, um das Gleichgewicht wiederzufinden. Wenigstens ist ihm nichts passiert. Als er wieder festen Boden unter den Pfoten hat, atmet er erleichtert auf. In seiner Zeitreisemaschine findet er Nadel und Faden, ein unverzichtbares Utensil für jeden Eichhörnchen-Abenteurer, und flickt das Loch in seinem Netzbeutel. „Macht nichts! Bei unserer nächsten Erkundungstour finden wir bestimmt neue Nüsse!"

SAMMYS NUSS-KONTO IM ERSTEN KAPITEL:

Auf den Quizpfaden habe ich: .... **Nüsse** gesammelt.

Dazu kommen noch **9 Nüsse**, die ich auf dem Forschungsfluss ergattert habe.

Ich ziehe davon **2 Nüsse** ab, denn die sind in den Fluss gepurzelt.

Sammys Zeitreisemaschine hat nun schon .... **Nüsse** im Tank.

Die Stockwerke des Regenwaldes
Unterwegs auf Quizpfaden

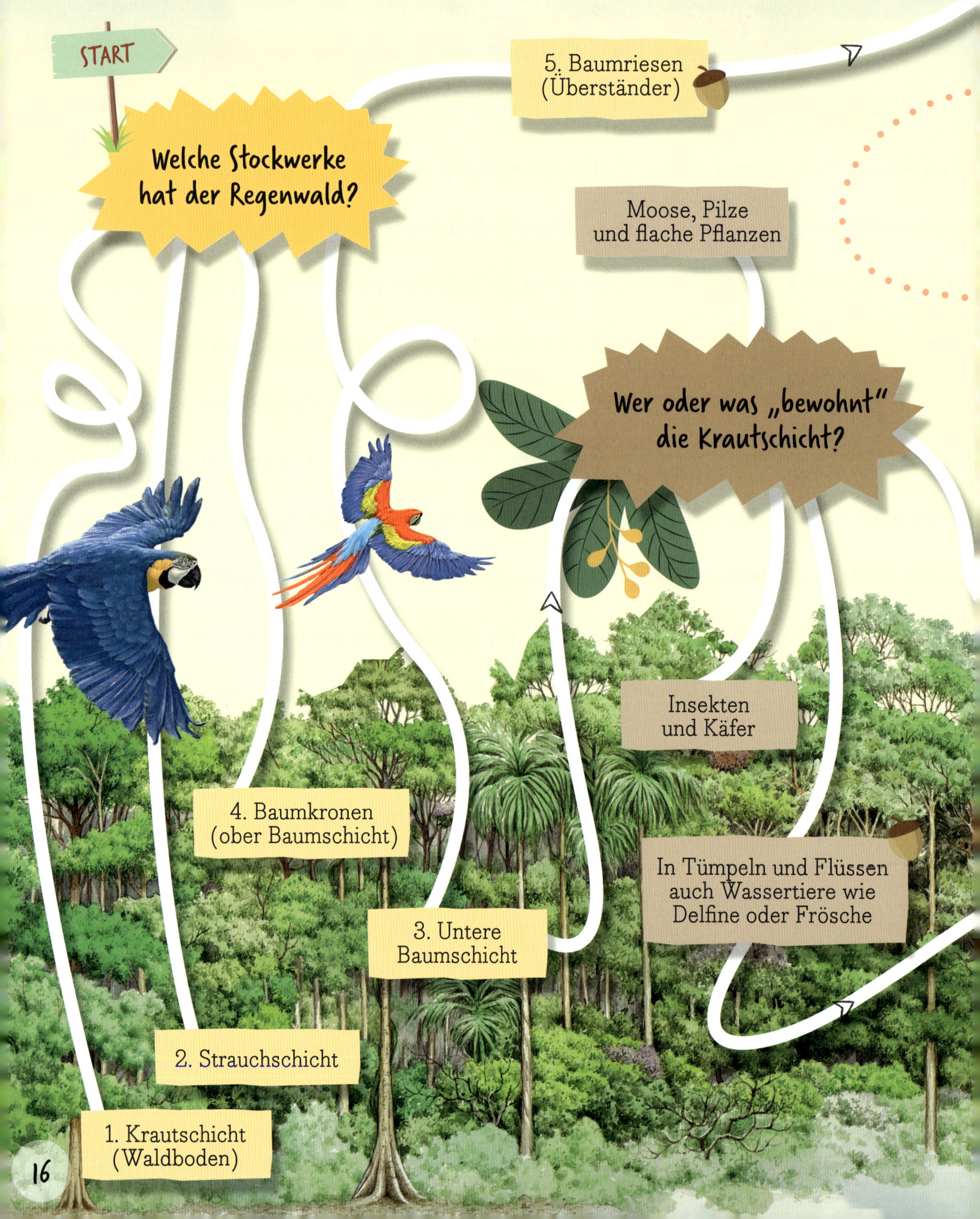

Wer oder was gehört zur unteren Baumschicht?

Kleine Baumarten wie Palmen, Kakao- und Mangobäume sowie junge Bäume

Kolibris

Schmetterlinge

Pfeilgiftfrösche

Tapire

Nagetiere

Schon gewusst?

Während einige Tiere ihr ganzes Leben lang in einem bestimmten Stockwerk leben, machen andere gelegentliche Ausflüge oder wechseln regelmäßig zwischen den Stockwerken.

Was tummelt sich in der Strauchschicht?

Büsche, Sträucher und niedrige Palmen

Ameisen

Schlangen

KOMM MIT, AUF DER NÄCHSTEN SEITE GEHT'S WEITER!

Die Stockwerke des Regenwaldes
Unterwegs auf Quizpfaden

Wer lebt in den Baumkronen?

- Affen und Faultiere
- Vögel und Fledermäuse
- Schlangen
- Insekten

Wer zählt zur Schicht der Baumriesen und wer bewohnt diese?

- Paranuss- oder Mahagoni-Bäume
- Vögel wie Aras oder Tukane

Welche besonderen Gewächse gibt es im Regenwald?

Lianen

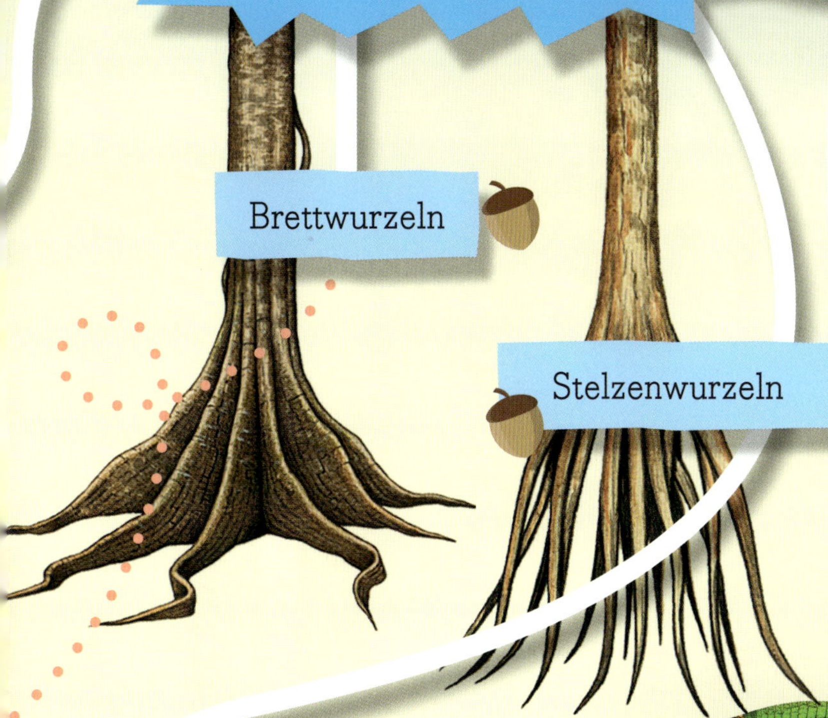

Brettwurzeln

Stelzenwurzeln

Immer warm!

Statt Jahreszeiten wie bei uns gibt es nur Trocken- und Regenzeiten. In der Regenzeit ist es etwas kühler, aber immer noch warm. So können die Pflanzen das ganze Jahr über wachsen, blühen und Früchte tragen.

Würger

Passionsblumen

Groß wie Teppiche!

Die Blätter der Riesenseerose haben einen Durchmesser von zwei bis drei Metern!

Riesenseerosen

Welche Blumen blühen im Regenwald?

Bromelien

Orchideen

Die Stockwerke des Regenwaldes
Expedition auf dem Forschungsfluss

Welche Stockwerke hat der Regenwald?

Im Regenwald gibt es verschiedene Ebenen wie in einem Hochhaus mit mehreren Stockwerken. Manche Tiere bleiben ihr ganzes Leben auf einer Ebene, andere wechseln hin und wieder die Ebene oder ziehen regelmäßig um. Die fünf Ebenen sind die Krautschicht, die Strauchschicht, die untere Baumschicht, die Baumkronen und die Baumriesen.

Wichtige Fracht

Pfeilgiftfrosch-Babys werden auf dem Rücken ihrer Eltern transportiert: winzige Kaulquappen, die wie Mini-Frösche mit langen Schwänzchen aussehen!

Wer oder was gehört zur unteren Baumschicht?

Etwas weiter oben im Regenwald befindet sich die untere Baumschicht. Dort ist es immer noch dunkel, aber nicht mehr so dunkel wie ganz unten. Hier wachsen kleinere Bäume wie Palmen, Kakao- und Mangobäume und junge Bäume, die versuchen, nach oben ins Licht zu kommen. Schmetterlinge und Kolibris fliegen zwischen den Bäumen umher und Pfeilgiftfrösche klettern die Stämme hinauf.

Wer oder was „bewohnt" die Krautschicht?

Spannend!

Im Amazonasregenwald ist es nie ganz still. Auch nachts sind immer wieder Tiere zu hören, die Laute von sich geben. Wenn die Sonne aufgeht, wird es immer lauter: Vögel zwitschern, Affen rufen und Insekten summen.

Ganz unten im Regenwald befindet sich die Krautschicht. Dort ist es dunkel, weil kaum Licht durch das dichte Blätterdach der Bäume dringt. Hier wachsen Moose, Pilze und flache Pflanzen, hier leben zahlreiche Insekten und Käfer. Auch größere Tiere wie der Tapir und Wassertiere wie Delfine und Frösche, die in Tümpeln und Flüssen leben, sind hier zu finden.

Goliath-Vogelspinne

Etwas oberhalb der Krautschicht befindet sich die Strauchschicht. Hier wachsen Büsche, Sträucher, niedrige Palmen und Blumen. Nagetiere, Schlangen und Ameisen leben hier. Manchmal kommen Tiere aus anderen Ebenen hierher, um zu jagen oder Nahrung zu suchen.

Was tummelt sich in der Strauchschicht?

Eichhörnchen des Regenwaldes

Agutis sind dafür bekannt, ihre Nahrungsvorräte ähnlich wie Eichhörnchen zu verstecken. Dadurch spielen sie eine wichtige Rolle bei der Verbreitung von Samen in ihrem Lebensraum.

Aguti

Die Stockwerke des Regenwaldes
Expedition auf dem Forschungsfluss

Wer lebt in den Baumkronen?

Ganz oben im Regenwald stehen die Baumkronen dicht beieinander und bilden ein fast undurchdringliches Blätterdach. Hier bekommen die meisten Tiere viel Licht von oben. Zahlreiche Affen- und Vogelarten, Insekten, Faultiere, Schlangen und Fledermäuse leben hier.

Faultier mit seinem Jungen

Im Regenwald gibt es eine Vielzahl faszinierender Gewächse. Ganz besonders sind die Brettwurzeln, die bis zu 10 Meter hoch werden, und die Lianen, die sich von unten nach oben schlängeln. Auch Würger, die von oben nach unten wachsen, und Stelzenwurzeln sind typisch für den Regenwald.

Welche besonderen Gewächse gibt es im Regenwald?

Würger

VON HIER OBEN ERSPÄHE ICH NUSSREICHE INFOFELDER!

Wer zählt zur Schicht der Baumriesen und wer bewohnt diese?

Ganz oben im Regenwald wachsen wahre Giganten, die so genannten Baumriesen. Diese Bäume, wie Paranuss-Bäume oder Mahagonibäume, ragen weit über das Blätterdach hinaus und sind oft mehrere hundert Jahre alt. Es dauert lange, bis sie diese beeindruckende Höhe erreichen. Dort oben halten sich vor allem Vögel wie Aras oder Tukane auf.

Tukan

Aras

Hoch in der Luft

Aras gehören zu den größten und farbenprächtigsten Papageienarten der Welt. Sie sind sehr intelligente Vögel mit komplexen sozialen Strukturen und einem bemerkenswerten Gedächtnis.

Welche Blumen blühen im Regenwald?

Der tropische Regenwald beherbergt eine Vielzahl von Blumenarten, die seine farbenfrohe Natur prägen. Orchideen, auch „Königin der Blumen“ genannt, und Bromelien mit ihren leuchtenden Blüten und Wasser sammelnden Blattachseln sind typische Baumkronenbewohner. Passionsblumen sind am Boden zu finden und dienen verschiedenen Tieren als Nahrungsquelle. Insgesamt gibt es im Amazonasregenwald etwa 40.000 verschiedene Pflanzenarten, die seine einzigartige Schönheit und Vielfalt ausmachen.

GUT GEMACHT! AUF INS NÄCHSTE KAPITEL …

UNGELADENE GÄSTE

„Wow, das waren ganz schön viele Informationen. Ich hätte nie gedacht, dass hier im Dschungel so viel los ist!", ruft Sammy und zählt stolz die vielen Nüsse, die er mit eurer Hilfe gesammelt hat. Über ihm raschelt es in den Bäumen und Sammy hebt erschrocken den Kopf. Im ersten Moment denkt er, es sei der Schwanz einer Schlange, der da hin und her zuckt. Doch dann schauen drei neugierige pelzige Gesichter zwischen den Zweigen hervor. „Hallo, wer seid ihr denn?"

Die Nasen gehören zu drei kleinen Kapuzineräffchen, die Sammy mit großen Augen ansehen und dann hungrig auf die Nüsse starren. „Habt ihr Hunger?", fragt Sammy und zeigt auf den Vorrat in seiner Zeitreisemaschine. Die Kapuzineräffchen jauchzen und ihre Augen leuchten vor Freude.

Sammy seufzt. „Gut, ihr seht wirklich hungrig aus, da teile ich gerne." Geschickt öffnet er den Tank, reicht jedem Affen eine Nuss und flüstert: „Aber sagt es niemandem. Die Nüsse sind für meine Zeitreisemaschine, damit ich wieder nach Hause komme."

Die Kapuzineräffchen geben zufriedene Laute von sich und hüpfen fröhlich mit den Nüssen an den Ästen auf und ab, bevor sie in der Baumkrone verschwinden.

Sammy winkt ihnen nach.

SAMMYS NUSS-KONTO IM ZWEITEN KAPITEL:

Auf den Quizpfaden habe ich: .... **Nüsse** gesammelt.

Dazu kommen noch **10 Nüsse**, die ich auf dem Forschungsfluss ergattert habe.

Ich ziehe davon **3 Nüsse** ab, denn die haben die Kapuzineräffchen gefressen.

Sammys Zeitreisemaschine hat nun schon .... **Nüsse** im Tank.

Die Menschen des Regenwaldes
Unterwegs auf Quizpfaden

START

Wo leben Menschen im Amazonasregenwald?

In Ufergemeinschaften entlang der Flüsse

In größeren und kleineren Dorfgemeinschaften inmitten des Waldes

In Städten wie Manaus, Parintins oder Santarém

Gut verborgen

Manche Gemeinschaften leben noch völlig im Einklang mit der Natur. Niemand weiß, wie viele solcher Gemeinschaften in den unerforschten Gebieten des Regenwaldes bestehen.

Was macht den Amazonas zur Lebensader der Einheimischen?

Er dient als Nahrungsquelle und als Trinkwasser

Er ist ein wichtiger Transportweg

Sie nutzen ihn als Waschgelegenheit

Schon gewusst?

Für viele Menschen im Amazonasgebiet hat der Fluss eine magische Bedeutung. Sie verehren das mächtige Gewässer und feiern dort Feste.

Wie kommen die Menschen im Regenwald von A nach B?

- Mit Flugzeugen
- Mit Booten und Schiffen
- Zu Fuß
- Mit Pferden oder Maultieren

Aha!

Wenn man im Amazonasgebiet lebt, nimmt man eher ein Schiff oder ein Boot als ein Auto, um an sein Ziel zu kommen, da es dort so gut wie keine Straßen gibt.

Welche indigenen Volksgruppen leben im Amazonasregenwald?

- Kayapó und Huni Kuin
- Guarani und Piro
- Tikuna und Asháninka
- Yanomami und Matis

Indigen bedeutet ...

... einheimisch. Die indigenen Völker sind die Nachfahren der ersten Menschen, die im Amazonasgebiet gelebt haben. Einige Stämme sind sehr klein, während andere Tausende von Mitgliedern haben.

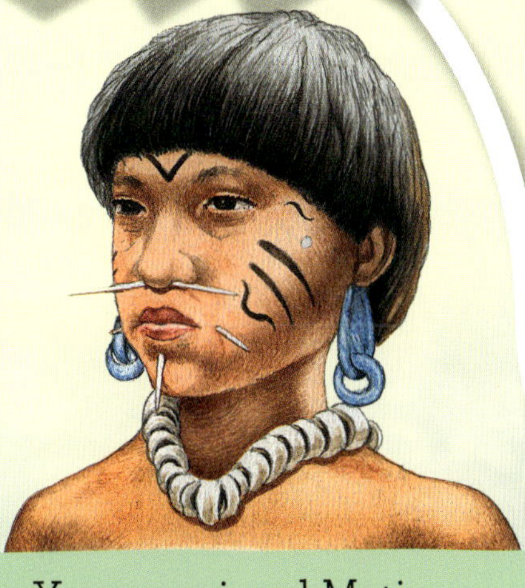

Die Menschen des Regenwaldes
Unterwegs auf Quizpfaden

Von was ernähren sich die indigenen Völker?

Fischfang

Landwirtschaft

Sammeln von Früchten und Nüssen

Jagd

Welche Leckereien gibt es im Regenwald?

Früchte wie Açaíbeeren, Mangos, Ananas, Papayas und Bananen

Kakao

Nüsse wie Paranüsse und Cashewnüsse

Was macht die Dschungelmetropole Manaus so einzigartig?

Die beeindruckende Architektur

Die Lage mitten im Regenwald

Das Zusammentreffen zweier Flüsse

Spiel der Farben

Der fast schwarze Rio Negro und der milchigbraune Amazonas haben unterschiedliche Temperaturen und Salzgehalte. Deshalb vermischen sie sich schlecht und man kann ihre Grenze gut erkennen.

Vor welchen Herausforderungen stehen Regenwaldbewohner?

Oftmals mangelnde Gesundheitsversorgung

Auswirkungen des Klimawandels

Zerstörung des Lebensraums durch Abholzung, Bergbau und Landwirtschaft

Fehlender Zugang zu Bildung

Wo leben Menschen im Amazonasregenwald?

Im Amazonasregenwald leben viele verschiedene Menschen, etwa 30 Millionen leben in Städten wie Manaus, Parintins oder Santarém. Daneben leben in den Dörfern etwa 450 verschiedene indigene Völker, die zum Teil noch ein ursprüngliches Leben in der Natur führen. Sie leben von Jagd, Fischfang und Landwirtschaft. Entlang der Flüsse leben viele Menschen vom Fischfang oder von kleinen Farmen.

ES GIBT GANZ VERSCHIEDENE KULTUREN IM AMAZONASREGENWALD.

Kinder der Yanomami

Yanomami

Sie sind mit rund 35.000 Menschen die größte indigene Volksgruppe im Amazonasregenwald und leben im Grenzgebiet zwischen Venezuela und Brasilien.

Welche indigenen Volksgruppen leben im Amazonasregenwald?

Im Amazonasregenwald leben viele indigene Volksgruppen, darunter die Yanomami und Matis, die weitgehend isoliert leben und wenig Kontakt zur Außenwelt haben. Die Kayapó und Huni Kuin setzen sich aktiv für Umweltschutz und indigene Rechte ein. Die Tikuna und Asháninka sind größere Stämme, die häufig Kontakt zur Außenwelt haben. Die Guarani und Piro leben in Brasilien und den angrenzenden Ländern und sind stark von der Zerstörung des Regenwaldes betroffen.

Was macht den Amazonas zur Lebensader der Einheimischen?

Der Amazonas liefert sauberes Wasser und ist reich an Fischen und anderen Tieren, die eine wichtige Nahrungsquelle darstellen. Viele Menschen nutzen den Amazonas als Hauptverkehrsweg, da es kaum Straßen gibt. Das nährstoffreiche Land entlang des Flusses eignet sich gut für den Anbau von Nutzpflanzen. Außerdem liefert der Amazonas Materialien wie Holz und Pflanzen für den Bau und die Herstellung von Werkzeugen. Der Fluss ist auch in die kulturellen und religiösen Traditionen der indigenen Völker eingebunden und spielt eine wichtige Rolle in ihrem Leben.

Ein Einbaum ist ein traditionelles Boot oder Kanu, das aus einem einzigen Baumstamm geschnitzt wird.

Wie kommen die Menschen im Regenwald von A nach B?

Im Amazonasregenwald bewegen sich die Menschen über größere Entfernungen hauptsächlich per Boot, Schiff oder Flugzeug, da es kaum Straßen gibt. Früher wurden auf dem Amazonas Holzschiffe eingesetzt, heute dominieren moderne Flussdampfer aus Stahl. Am Rande des Regenwaldes gibt es oft Straßen, auf denen Fahrzeuge wie Autos oder Lastwagen benutzt werden können. Manche Gemeinschaften nutzen auch Tiere wie Pferde oder Maultiere, um sich im Regenwald fortzubewegen.

Die Menschen des Regenwaldes
Expedition auf dem Forschungsfluss

Von was ernähren sich die indigenen Völker?

Indigene Völker wie die Yanomami ernähren sich von vielen Ressourcen des Regenwaldes. Sie jagen Tiere wie Affen, Tapire und Vögel und fangen Fische in den Flüssen. Darüber hinaus sammeln sie Früchte, Nüsse und Honig. Außerdem betreiben sie Landwirtschaft und bauen Pflanzen wie Maniok, Bananen, Mais und Süßkartoffeln an, um ihre Ernährung zu sichern.

NOCH MEHR MÖGLICHKEITEN, NÜSSE ZU ERGATTERN!

Was macht die Dschungelmetropole Manaus so einzigartig?

Manaus ist in vielerlei Hinsicht eine einzigartige Stadt: Sie liegt mitten im Amazonasregenwald, weit entfernt von anderen Großstädten, was sie schwer erreichbar macht. In der Nähe von Manaus fließen der Rio Negro und der Amazonas zusammen, ohne sich gleich zu vermischen. Dieses Phänomen wird „Meeting of the Waters“ genannt und ist eine beliebte Touristenattraktion. Die Stadt hat auch eine reiche Geschichte und Kultur, die von den indigenen Völkern und der Kolonialzeit beeinflusst wurde. Ein beeindruckendes Beispiel ist das Teatro Amazonas, ein Opernhaus aus dem 19. Jahrhundert.

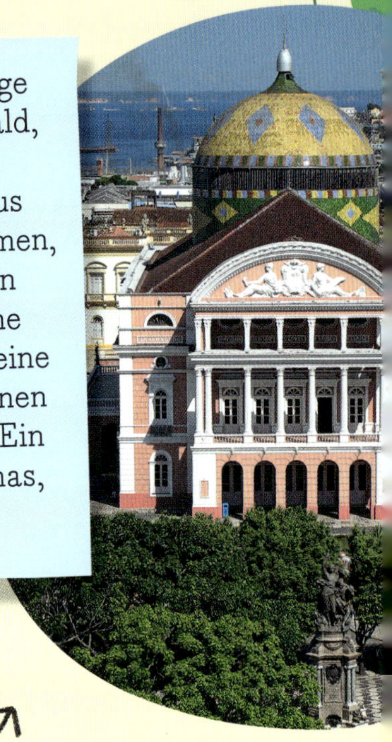

Teatro Amazonas

Tor zum Regenwald ...

So nennt man die Stadt Manaus auch, die von dichtem Dschungel umgeben ist. Das ist sogar aus dem Weltall gut zu erkennen!

Welche Leckereien gibt es im Regenwald?

Im Regenwald gibt es viele Leckereien, weil die Pflanzen dort ständig wachsen, blühen und Früchte tragen. Bananen, Ananas, Mangos, Papayas, Cashewnüsse und Kakao gehören zu den vielen Köstlichkeiten, die im Regenwald wachsen. Beliebt sind auch Paranüsse und Honig, den die Bienen im Regenwald produzieren. All das macht den Regenwald zu einem Ort voller leckerer Überraschungen.

Wusstest du, dass …

… Manaus im 19. Jahrhundert durch den Kautschukhandel reich wurde? In dieser Zeit wurden prächtige Bauten errichtet, wie das berühmte Opernhaus Teatro Amazonas.

Vor welchen Herausforderungen stehen Regenwaldbewohner?

Die Menschen im Regenwald stehen vor zahlreichen Herausforderungen. Der Wald wird für Landwirtschaft und Bergbau gerodet, was nicht nur die Umwelt, sondern auch ihre Lebensweise bedroht. Traditionelle Bräuche und Lebensweisen gehen durch den Kontakt mit der modernen Welt verloren. Der Zugang zu Gesundheitsversorgung und Bildung ist oft eingeschränkt. Konflikte mit Regierungen und Unternehmen, die den Wald nutzen wollen, sind keine Seltenheit. Zusätzlich erschwert der Klimawandel mit Dürren und Überschwemmungen das Leben im Regenwald.

EIN KÖNIG ZU BESUCH

Sammy will gerade eine Pause machen, als er bemerkt, dass jemand um seine Zeitreisemaschine herumschleicht. Es ist ein Jaguar, der König des Dschungels!
Erschrocken blickt Sammy zu ihm hinunter.
„An mir ist bestimmt nicht so viel dran wie an einem Wasserschwein!", ruft er und wirft vier Nüsse nach ihm.
Der Jaguar knurrt einmal, zeigt sich ansonsten aber unbeeindruckt und schnuppert ein wenig an der Maschine. Dann klettert er geschickt auf einen Ast, gähnt herzhaft und lässt sich dort für ein Nickerchen nieder. Offenbar ist er nach einer langen Nacht auf der Pirsch müde geworden.

SAMMYS NUSS-KONTO IM DRITTEN KAPITEL:

Auf den Quizpfaden habe ich: .... **Nüsse** gesammelt.

Dazu kommen noch **9 Nüsse**, die ich auf dem Forschungsfluss ergattert habe.

Ich ziehe davon **4 Nüsse** ab, denn damit hat Sammy den Jaguar abgeworfen.

Sammys Zeitreisemaschine hat nun schon .... **Nüsse** im Tank.

Die Tierwelt des Regenwaldes
Unterwegs auf Quizpfaden

START

Was macht rosa Flussdelfine so besonders?

Kommen ausschließlich im Amazonas vor

Die indigene Bevölkerung verehrt sie als heiliges Tier, als Boten der Wassergöttin

Besondere Färbung

Spezieller Knochenbau macht sie extrem wendig

Interessant!

Junge Amazonas-Flussdelfine sind grau, aber wenn sie älter werden, färbt sich ihre Haut rosa. Das liegt daran, dass die Haut dünner wird und die Blutgefäße darunter immer besser sichtbar werden.

Wo jagen Kaimane?

In den Bäumen

Im Fluss

Kaiman

Was macht Piranhas so nützlich?

Sie halten den Fluss-Lebensraum gesund

Sie dienen als Nahrung für Raubtiere wie Kaimane und große Fische

Sie regulieren die Fischpopulationen

Wusstest du, dass …

… Schlangen mit ihrer Zunge riechen? Sie strecken sie aus dem Maul, um herauszufinden, was um sie herum vor sich geht.

Am Ufer

Welche Schlangen leben im Regenwald?

Anakonda

Lanzenotter

Boa Constrictor

Dünnschlange

KOMM MIT, AUF DER NÄCHSTEN SEITE GEHT'S WEITER!

Die Tierwelt des Regenwaldes
Unterwegs auf Quizpfaden

WAHNSINN WIE VIELE TOLLE TIERE HIER ZU HAUSE SIND!

Wie erlegen Schlangen ihre Beute?

Mit Gift

Mit Muskelkraft

Mit ihren Krallen

LEIDER FALSCH! ODER SIEHST DU HIER KRALLEN?

Achtung!

Das Gift der Lanzenotter wirkt auf die Muskulatur und lähmt das Opfer. Auch für den Menschen ist das Gift gefährlich und kann zu schweren Verletzungen bis hin zur Amputation von Gliedmaßen oder zum Tod führen.

Ratten und Mäuse

Opossum

Welche Nager streichen durch den Regenwald?

Aguti

Welche Krabbeltiere sind im Regenwald zu Hause?

Spinnen wie die Wanderspinne und Goliath-Vogelspinne

Weltrekord

Die Goliath-Vogelspinne kann mit ausgestreckten Beinen die Größe einer Tortenplatte erreichen und ist damit die größte Spinne der Welt.

Insekten wie der Herkuleskäfer, das Wandelnde Blatt oder die Blattschneiderameise

Schmetterlinge wie der Eulenschmetterling

Welche drei Jaguar-Varianten gibt es?

Gut getarnt!

Die Zeichnung des Jaguars hilft ihm, sich im Regenwald zu verstecken, indem er sich perfekt zwischen Zweigen und Blättern tarnt. Außerdem ist jedes Jaguarmuster einzigartig, keins gleicht dem anderen.

Albinoform

Normalform

Schwarze Form

Die Tierwelt des Regenwaldes
Unterwegs auf Quizpfaden

Welchen Tieren bietet die Bromelie ein Zuhause?

Insekten und Spinnen

Kleinen Vögeln

Fröschen und Schnecken

Mini-Teich

Bromelien wachsen in den Baumkronen, da sie viel Licht benötigen. Da sie keine Feuchtigkeit aus dem Boden aufnehmen können, sammeln sie den Regen in ihren trichterförmigen Blättern.

Welche Affenarten gibt es im Regenwald?

Brüllaffe

Affenstark!

Der Kehlkopf der Brüllaffen ist außergewöhnlich groß, sodass ihre lauten Rufe kilometerweit durch den Regenwald schallen.

Kleinere Affenarten wie Kapuzineräffchen, Zwergseidenäffchen und Weißkopfsaki

Affen mit auffälligen Merkmalen wie Totenkopfaffen, Goldene Löwenäffchen und Kaiserschnurrbarttamarine

Welche Tiere betreten nur selten den Boden?

Affen wie Gibbons oder Kapuzineraffen

Faultiere

Frösche wie die giftigen Pfeilgiftfrösche

Vögel wie Papageien und Tukane

Affen mit besonderen Verhaltensweisen wie Nachtaffen oder Brüllaffen

Faulpelze

Durch langsame Bewegungen, lange Schlafphasen und eine niedrige Körpertemperatur sparen Faultiere so viel Energie, dass sie nur wenig Nahrung benötigen.

Nachtaffen

Welche nachtaktiven Tiere gibt es im Regenwald?

Vampirfledermäuse und Nachtfalter

Eulen wie der Brillenkauz

Die Tierwelt des Regenwaldes
Expedition auf dem Forschungsfluss

Was macht rosa Flussdelfine so besonders?

Rosa Flussdelfine, Botos genannt, sind etwas Besonderes, weil sie ausschließlich in den Süßwassersystemen des Amazonas und seiner Nebenflüsse leben. Damit sind sie eine einzigartige Unterart der Delfine. Sie unterscheiden sich von anderen Delfinen durch ihre rosafarbene Haut und ihren besonderen Knochenbau. Außerdem werden sie von einigen indigenen Völkern als heilige Tiere verehrt und gelten als Boten der Wassergöttin.

Anakonda

Giftiger Speichel

Die Lieblingsspeise der Dünnschlange sind Frösche. Sie hat keine Giftzähne, aber dafür ist ihr Speichel giftig.

Welche Schlangen leben im Regenwald?

Im Amazonasregenwald leben einige der gefährlichsten und giftigsten Schlangen der Welt. Sie sind Meister der Tarnung und können sich im Gebüsch, auf Bäumen oder sogar im Wasser regungslos verstecken, während sie auf ihre Beute warten. Einige der Schlangenarten, die im Regenwald leben, sind die Lanzenotter, die Anakonda, die Dünnschlange oder die Boa Constrictor.

Dünnschlange

Boa Constrictor

Wo jagen Kaimane?

Kaimane jagen sowohl im Wasser als auch an Land. Wenn sie ein Tier wie einen Tapir am Ufer fangen, ziehen sie es ins Wasser und töten es dort. Ihre Hauptbeute sind Piranhas. Ist ein Schwarm Piranhas in der Nähe, schnappt sich der Kaiman blitzschnell einen der Fische mit seinen scharfen Zähnen und verschlingt ihn im Ganzen, ohne ihn zu zerkauen.

Was macht Piranhas so nützlich?

Piranhas haben scharfe Zähne und fressen verschiedene Dinge wie Aas, kranke Tiere und jagen auch Fische. So helfen sie, den Fluss gesund zu halten, indem sie verhindern, dass sich zu viele Fische vermehren. Sie dienen auch als Nahrung für andere Tiere wie Kaimane und große Fische – und manchmal werden sie gegrillt oder gekocht auch von Menschen gegessen.

Der Regenwald in Gefahr
Expedition auf dem Forschungsfluss

Wie erlegen Schlangen ihre Beute?

Jede Giftschlange hat ihren eigenen Giftcocktail, der aus verschiedenen Chemikalien besteht. Diese Chemikalien haben unterschiedliche Auswirkungen auf ihre Beutetiere. Einige Schlangen haben ein stärkeres Gift, um größere Tiere zu fressen, während andere ein schwächeres Gift haben, weil sie kleinere Beutetiere jagen. Aber nicht alle Schlangen benutzen Gift, um ihre Beute zu töten. Die größte Schlange des Regenwaldes, die Anakonda, verlässt sich auf ihre Kraft. Sie umschlingt ihre Beute mit ihrem kräftigen Körper und erstickt sie. Selbst gegen einen Kaiman kann eine ausgewachsene Anakonda gewinnen!

Verborgene Helfer

Agutis vergraben ihre Nüsse überall im Regenwald. Da sie sich nicht alle Verstecke merken, keimen viele Nüsse und wachsen zu neuen Bäumen heran. So helfen die Agutis dabei, den Regenwald zu erhalten.

Nahrung der Aguti

Aguti

Welche Nager streichen durch den Regenwald?

Im Regenwald streifen verschiedene Nager umher. Dazu gehören die Agutis, die wie große Meerschweinchen aussehen, und die Opossums, die 13 Junge gleichzeitig aufziehen können. Auch Ratten und Mäuse sind häufig anzutreffen. Agutis vergraben Nüsse, die sie nicht sofort fressen, kreuz und quer im Regenwald. Allerdings können sie sich nicht alle Verstecke merken. Das ist aber gut für die Nussbäume, deren Früchte so zu neuen Bäumen heranwachsen können.

Welche Krabbeltiere sind im Regenwald zu Hause?

Im tropischen Regenwald lebt eine Vielzahl von Krabbeltieren. Dazu gehören Spinnen wie die Wanderspinne und die Goliath-Vogelspinne, die zu den größten Spinnen der Welt zählt. Auch Insekten wie der imposante Herkuleskäfer, das getarnte Wandelnde Blatt und die fleißige Blattschneiderameise sind hier zu finden. Farbenprächtige Schmetterlinge wie der Eulenfalter bereichern ebenfalls das Ökosystem des Regenwaldes.

Achtung, krabbelig!

Eine Blattschneiderkolonie kann aus bis zu drei Millionen Ameisen bestehen. Jeden Tag sammeln die Krabbler etwa so viele Blätter wie eine ganze Kuh frisst!

Wusstest du, dass ...

... Blattschneiderameisen Blätter in ihren Bau tragen, diese aber nicht fressen? Stattdessen züchten sie mit den Blättern Pilze. Diese Pilze wachsen in unterirdischen Kammern und sind die eigentliche Nahrung der Ameisen.

Wanderspinne

Welche drei Jaguar-Varianten gibt es?

Im Regenwald gibt es drei Varianten des Jaguars: die Albinoform, die Normalform und die schwarze Form. Die Normalform ist die häufigste, während die Albinoform durch ihr seltenes weißes Fell auffällt. Die schwarze Form, auch „Panther" genannt, zeichnet sich durch ihr schwarzes Fell aus und ist eine genetische Variante des Jaguars. Diese verschiedenen Varianten tragen zur Vielfalt und Faszination der Tierwelt des Regenwaldes bei.

Welchen Tieren bietet die Bromelie ein Zuhause?

Die trichterförmigen Blätter der Bromelie bieten vielen Tieren des Regenwaldes ein Zuhause. Frösche, Insekten, Schnecken, Spinnen und kleine Vögel finden hier Unterschlupf. In ihrem Wasserreservoir wachsen Mückenlarven heran und zahlreiche Kleinlebewesen finden hier einen Lebensraum. Bis zu 250 verschiedene Tierarten können in einer einzigen Bromelie leben und das in den Blättern gesammelte Wasser ist ihre Lebensgrundlage.

Bromelie

Zwergseidenäffchen

Unglaublich!

Tapire existieren seit vielen Millionen Jahren und haben mehrere Aussterbephasen überlebt, wobei sich ihr Aussehen kaum verändert hat.

Tapir

Welche Affenarten gibt es im Regenwald?

Im dichten Blätterdach des Regenwaldes huschen verschiedene Affenarten durch die Baumkronen. Kapuzineraffen mit ihren charakteristischen Gesichtszeichnungen und langen Schwänzen hangeln sich geschickt von Ast zu Ast. Ihre wendigen Verwandten, die Spinnenaffen, bewegen sich mit beeindruckender Geschicklichkeit zwischen den Ästen. Hoch oben kann man die majestätischen Gibbons beobachten, die sich mit eleganter Anmut durch die Baumkronen schwingen. Die lauten Rufe der Brüllaffen hallen oft durch den Wald, während die kleineren Totenkopfaffen neugierig am Boden nach Nahrung suchen

Welche Tiere betreten nur selten den Boden?

Im Regenwald leben viele Tiere, die selten oder nie den Boden berühren. Affen verbringen die meiste Zeit in den Baumkronen, wo sie nach Nahrung suchen und sich vor Raubtieren schützen. Papageien und Tukane fliegen auf der Suche nach Früchten und Insekten von Baum zu Baum. Faultiere sind für ihre langsame Fortbewegung und ihre Lebensweise in den Baumkronen bekannt. Frösche leben oft in den Blättern oder Ästen der Bäume, wo sie sich vor Feinden verstecken.

Große Liebe

Ara-Paare bleiben ihr ganzes Leben lang zusammen, oft über vierzig Jahre.

Welche nachtaktiven Tiere gibt es im Regenwald?

Unter den nachtaktiven Bewohnern des Regenwaldes gibt es eine Vielzahl von Arten, die speziell an das Leben in der Dunkelheit angepasst sind. Die Vampirfledermaus, die sich vom Blut ihrer Opfer ernährt, ist nur eine davon. Auch die oft farbenprächtigen und beeindruckenden Nachtfalter entfalten ihre Pracht erst nach Einbruch der Dunkelheit. Eulen nutzen ihre scharfen Augen und Ohren, um ihre Beute zu erspähen, während Kaimane am Wasser lauern und nachts auf die Jagd gehen. Nachtaktive Affen huschen in Gruppen durch die Baumkronen und ernähren sich von Früchten, Insekten und kleinen Wirbeltieren. Ameisenbären suchen nachts nach Ameisen und Termiten, die sie geschickt mit ihrer langen Zunge fangen.

AB IN DIE LUFT

Zwischen den jubilierenden Vögeln hört Sammy eine Stimme besonders herausstechen: das Krächzen eines Aras. Der stolze Vogel mit der gelben Brust beobachtet Sammy von seinem Ast aus. Offensichtlich hat er es auf Sammys Nüsse abgesehen. So schnell kann Sammy gar nicht gucken, da schnappt sich der Ara im Sturzflug das Netz und fliegt in eine hohe Baumkrone. „Du freches Ding!", ruft Sammy ihm noch hinterher.
Gut, dass Sammy so gut klettern kann. Flink springt er hinterher, kraxelt den Baum hinauf und schnappt sich das Netz. Bis auf eine Nuss ist der Vorrat noch vollständig. Aber das Klettern hat sich doppelt gelohnt: Von hier oben hat man einen fantastischen Blick über das dichte Blätterdach des Regenwaldes.

SAMMYS NUSS-KONTO IM VIERTEN KAPITEL:

Auf den Quizpfaden habe ich: .... **Nüsse** gesammelt.

Dazu kommen noch **10 Nüsse**, die ich auf dem Forschungsfluss ergattert habe.

Ich ziehe davon **1 Nuss** ab, denn die hat der Ara verputzt.

Sammys Zeitreisemaschine hat nun schon .... **Nüsse** im Tank.

Der Regenwald in Gefahr
Unterwegs auf Quizpfaden

START

Warum wird der Regenwald gerodet?

Um Weideland für Rinder und Anbaufläche von Soja für Tierfutter zu gewinnen

Um Bodenschätze wie Kupfer, Gold und Erdöl zu bergen

Brandrodung

Um Platz für Acker- oder Weideland zu schaffen, setzen Bauern und große Unternehmen oft auf Brandrodung, bei der Teile des Regenwaldes absichtlich in Brand gesetzt werden.

Zur Holzgewinnung für Papier und Möbel

Um Palmen zur Ölgewinnung für Lebensmittel und Biotreibstoffe anzubauen

Welche Folgen hat der Bau von Staudämmen?

Zerstörung von Lebensräumen

Umsiedlung von Menschen

DIESER STAUDAMM GEFÄLLT MIR ÜBERHAUPT NICHT …

Was geschieht mit dem Holz aus dem Regenwald?

Produktion von Fenstern

Anfertigung von Fußböden

Herstellung von Möbeln

Veränderung des Ökosystems

Gut so!

Um die übermäßige Abholzung des Regenwaldes einzudämmen, unterliegt der Handel mit Tropenholz mittlerweile strengen Kontrollen.

Was tun Organisationen für den Schutz des Regenwaldes?

Neue Bäume anpflanzen

Einheimische Bauern unterstützen, nachhaltiger zu wirtschaften

Schutzgebiete einrichten

Mithilfe von Kampagnen für den Schutz des Regenwaldes sensibilisieren

Der Regenwald in Gefahr
Unterwegs auf Quizpfaden

Wusstest du, dass …

… Forscher nach Möglichkeiten suchen, Kohlendioxid aus der Atmosphäre zu entfernen?

Welche Organisationen setzen sich für den Schutz des Regenwaldes ein?

GEO schützt den Regenwald e.V

Greenpeace

WWF

Logo des WWF

Lebensraum Regenwald e.V.

Oro Verde

Wie hängen Klimawandel und Regenwald zusammen?

Regenwälder sind wie riesige grüne Lungen der Erde, weil sie viel Kohlendioxid aufnehmen und Sauerstoff produzieren

Klimawandel macht Regenwälder kaputt, weil es zu heiß und zu trocken wird

Wenn der Regenwald zerstört wird, setzt er das gespeicherte Kohlendioxid frei, was den Klimawandel verschlimmert

Schutz des Regenwaldes ist Schutz der Erde

Wie beeinflussen Treibhausgase das Klima?

Sie lassen Sonnenlicht durch die Atmosphäre und speichern Wärme in der Luft

Es kommt zum Klimawandel mit steigenden Temperaturen

Sie wirken wie eine Decke um die Erde

Wenn es zu viele Treibhausgase gibt, wird die Luft zu warm

Kleine Schritte

Du kannst dazu beitragen, weniger Treibhausgase zu produzieren, indem du mit dem Fahrrad oder mit öffentlichen Verkehrsmitteln wie Bus oder Bahn fährst.

Mit regionalen Produkten frisch kochen und auf palmölhaltige Fertiggerichte verzichten

Fleisch- und Milchprodukte aus Massentierhaltung meiden

Papier sparen, möglichst Recyclingpapier verwenden

Eltern bitten, keine Möbel aus Tropenholz zu kaufen

NOTIERE DIR DEINEN NUSS-STAND!

Was kannst du selbst tun, um den Regenwald zu schützen?

Der Regenwald in Gefahr
Expedition auf dem Forschungsfluss

Warum wird der Regenwald gerodet?

Ein wichtiger Grund für die Rodung des Regenwaldes ist die Schaffung von Weideland für Rinder und der Anbau von Futtermitteln wie Soja. Außerdem wird der Regenwald abgeholzt, um an Bodenschätze wie Kupfer, Gold, Diamanten, Kohle und Erdöl zu gelangen. Aus dem Holz werden Papier und Möbel hergestellt. Ein weiterer Grund ist der Anbau von Palmen zur Gewinnung von Öl, das in Lebensmitteln, Brotaufstrichen und Biokraftstoffen verwendet wird. Schließlich wird Regenwald auch gerodet, um das Land teurer zu verkaufen, in der Hoffnung, dass der Wert steigt, wenn es knapp wird.

Kahlschlag

Ohne Bäume wird der fruchtbare Boden weggespült.

Staudämme …

… sind riesige Mauern, die Menschen bauen, um Flüsse zu Seen aufzustauen. Diese Stauseen dienen oft der Stromerzeugung, indem das Wasser durch Turbinen geleitet wird.

Welche Folgen hat der Bau von Staudämmen?

Der Bau von Staudämmen im Amazonasgebiet hat viele negative Folgen. Große Gebiete werden überflutet, wodurch Lebensraum für Pflanzen und Tiere verloren geht und Arten aussterben. Indigene Völker und lokale Gemeinschaften müssen häufig umziehen, da sie ihre Heimat verlieren. Die Fischbestände gehen zurück, weil die Wanderwege der Fische blockiert sind. Zudem verändert sich das Ökosystem, da der natürliche Nährstofffluss gestört wird und der Wald in Mitleidenschaft gezogen wird.

Was geschieht mit dem Holz aus dem Regenwald?

Im Regenwald werden Bäume gefällt, um das Holz weltweit zu verkaufen. Tropische Hölzer aus dem Amazonasgebiet wie Jatoba, Massaranduba, Cumarú oder Ipe sind besonders begehrt, da sie extrem hart und widerstandsfähig sind. Cumarú zählt beispielsweise zu den härtesten Hölzern der Welt. Aufgrund ihrer Langlebigkeit und Robustheit werden diese Hölzer häufig für die Herstellung von Möbeln, Fenstern und Fußböden verwendet.

Folgen der Abholzung

Schrecklich!

Stauseen überfluten weite Landstriche, die einst Lebensraum für Mensch und Tier waren. Zudem weicht die umgebende Natur neuen Infrastrukturen wie Kraftwerken und Straßen.

Was tun Organisationen für den Schutz des Regenwaldes?

Organisationen setzen sich auf vielfältige Weise für den Schutz des Regenwaldes ein. Dazu gehören Aufforstungsprojekte, bei denen neue Bäume gepflanzt werden, um gerodete Flächen wieder aufzuforsten. Außerdem richten sie Schutzgebiete ein, um den Lebensraum von Tieren und Pflanzen zu erhalten. Außerdem unterstützen sie die Bauern vor Ort bei der Anwendung nachhaltiger Anbaumethoden, um die Umweltbelastung zu verringern. Mit Aufklärungskampagnen tragen sie dazu bei, die Öffentlichkeit für die Bedeutung des Regenwaldschutzes zu sensibilisieren.

Der Regenwald in Gefahr
Expedition auf dem Forschungsfluss

Welche Organisationen setzen sich für den Schutz des Regenwaldes ein?

Verschiedene Organisationen und Vereine setzen sich mit unterschiedlichen Schwerpunkten für den Schutz des Regenwaldes ein. Sie realisieren Projekte, machen mit Aktionen auf den Schutz der natürlichen Lebensgrundlagen aufmerksam und unterstützen die Menschen vor Ort. Zu den bekanntesten zählen: GEO schützt den Regenwald e.V., Greenpeace, Lebensraum Regenwald e.V., Oro Verde und der WWF.

Wie hängen Klimawandel und Regenwald zusammen?

Der Regenwald ist wichtig für das Klima, weil er Kohlendioxid aufnimmt und Sauerstoff produziert. Wird der Regenwald abgeholzt, gelangt das Kohlendioxid in die Luft und verstärkt den Klimawandel. Weniger Regenwald bedeutet auch weniger Artenvielfalt und erschwert es den Ökosystemen, sich an den Klimawandel anzupassen. Deshalb ist es wichtig, den Regenwald zu schützen, um den Klimawandel zu bekämpfen.

Wie beeinflussen Treibhausgase das Klima?

Treibhausgase wie Kohlendioxid wirken wie eine Decke um die Erde, indem sie die Wärme in der Luft zurückhalten. Ist zu viel davon vorhanden, erwärmt sich die Luft und das Klima verändert sich. Die Temperaturen steigen, das Wetter verändert sich und der Meeresspiegel kann ansteigen.

Der natürliche Treibhauseffekt

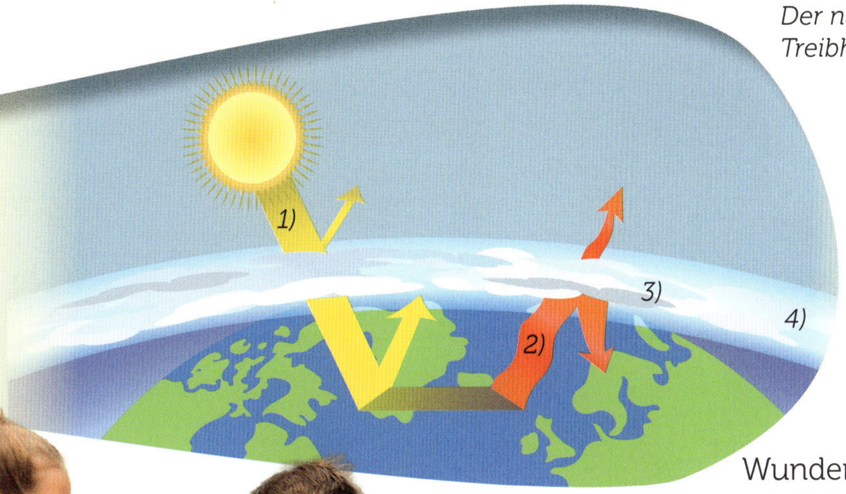

1) Einstrahlung der Sonne
2) Rückstrahlung der Erde
3) Treibhausgase
4) Atmosphäre

Wunderwelt Regenwald

Regenwälder bedecken nur 6 Prozent der Erde, aber dort leben mehr als die Hälfte aller Tiere und Pflanzen. Ihren Schutz zu sichern, hilft unserer Natur!

SIEH AN! DIESES KAPITEL HABEN WIR AUCH LOCKER GEMEISTERT – WIR SIND EIN TOLLES TEAM!

Auch kleine Veränderungen können einen großen Unterschied für den Schutz des Regenwaldes machen. Wenn du Fleisch magst, bitte deine Eltern, Fleisch von kleinen Bauernhöfen in der Nähe zu kaufen und achte darauf, dass Milchprodukte nicht aus Massentierhaltung stammen. Bitte deine Eltern, keine Möbel aus Tropenholz zu kaufen. Geh sparsam mit Papier um und verwende möglichst Recyclingpapier. Bitte deine Eltern, möglichst frische und regionale Produkte zu kaufen, und vermeide Fertigprodukte wie Tiefkühlpizza, die oft Palmöl enthalten.

Was kannst du selbst tun, um den Regenwald zu schützen?

SAMMYS NUSS-KONTO IM FÜNFTEN KAPITEL:

Auf den Quizpfaden habe ich: .... **Nüsse** gesammelt.

Dazu kommen noch **8 Nüsse**, die ich auf dem Forschungsfluss ergattert habe.

Sammys Zeitreisemaschine hat nun schon .... **Nüsse** im Tank.

Nach allen Kapiteln hat Sammys Zeitreisemaschine also ..... **Nüsse** im Tank.

ZEIT DES ABSCHIEDS

Allmählich dämmert es, und Sammy sehnt sich nach seinem gemütlichen Kobel und dem vertrauten Wald zu Hause. Stolz betrachtet er den Tank seiner Zeitreisemaschine. „Was für ein aufregender Tag im Regenwald, diese Expedition hat sich mehr als gelohnt!", ruft er.

Ob die Nüsse wohl reichen, um wieder nach Hause zu fliegen? Nicht, dass er noch irgendwo anders landet! So oder so: Es ist Zeit, es herauszufinden. Nun heißt es Abschied nehmen und Sammy winkt ein letztes Mal allen Tieren zu, die er im Regenwald getroffen hat, bevor er aufgeregt auf seine Zeitreisemaschine zuschlendert.

LAUES LÜFTCHEN

Du hast **unter 60** Nüsse gesammelt!
Lies Ende 1, um zu erfahren, wie Abenteurer Sammy nach Hause kommt.

SCHNELLER FAHRTWIND

Du hast **zwischen 60 und 70** Nüsse gesammelt!
Lies Ende 2, um zu erfahren, wie Abenteurer Sammy nach Hause kommt.

SUPER-ANTRIEB

Du hast **über 70** Nüsse gesammelt!
Lies Ende 3, um zu erfahren, wie Abenteurer Sammy nach Hause kommt.

ENDE 1: LAUES LÜFTCHEN (UNTER 60 NÜSSE)

Mit zitternden Knien nähert sich Sammy seiner Zeitreisemaschine. Sein kleines Herz klopft vor Aufregung und ein mulmiges Gefühl macht sich in seinem Bauch breit, als er die Maschine aktiviert. Ein Summen erfüllt die Luft und die Welt um ihn herum beginnt sich zu drehen.

Nach einer gefühlten Ewigkeit setzt die Zeitreisemaschine auf. Sammy wagt einen Blick aus dem Guckloch der Maschine und atmet erleichtert auf: Er ist wieder in seinem heimischen Wald. „Puh, war das knapp", murmelt er, während sein Herz immer noch heftig pocht. Er wirft einen Blick in den Tank der Maschine. „Ein paar Nüsse weniger, und wir wären vielleicht irgendwo im Ozean gelandet!"

Mit einem zufriedenen Lächeln hüpft Sammy aus seiner Zeitreisemaschine und klettert in seinen Kobel, wo er sich zusammenrollt und von seinen Abenteuern im Regenwald träumt.

ENDE 2: SCHNELLER FAHRTWIND (ZWISCHEN 60 UND 70 NÜSSE)

Mit entschlossenem Blick drückt Sammy auf die Knöpfe seiner Zeitreisemaschine. Ein leises Summen durchdringt die Luft, als die Maschine zu vibrieren beginnt. „Das sollte reichen, um nach Hause zu kommen", murmelt er und starrt auf das Display.
Plötzlich wirbelt ein kräftiger Wind um ihn herum und mit einem sanften Ruck landet die Maschine im vertrauten Wald, direkt in der Nähe seines gemütlichen Kobels.
„Hurra! Das war eine tolle Leistung!", ruft Sammy begeistert und blickt auf den Tank seiner Zeitreisemaschine. „Die gesammelten Nüsse haben perfekt gereicht, um uns sicher nach Hause zu bringen!"
Ein stolzes Lächeln huscht über sein Gesicht. Es war eine abenteuerliche Expedition in den Regenwald. Aber wenn er die vertraute Umgebung sieht, ist er froh, wieder zu Hause zu sein!

ENDE 3: SUPER-ANTRIEB (ÜBER 70 NÜSSE)

Entschlossen drückt Sammy die Knöpfe der Zeitreisemaschine. Plötzlich verwandelt sich alles um ihn herum in einen Strudel aus Licht und mit atemberaubender Geschwindigkeit geht es los. Mit einem breiten Grinsen im Gesicht genießt der Eichhörnchen-Abenteurer den rasanten Flug.

Mit einem sanften Ruck landet die Zeitreisemaschine und Sammy sieht schon auf den ersten Blick den vertrauten Wald vor sich. Da oben ist sein Kobel!

„Wow, das war ein wilder Ritt!", ruft er und springt aus der Maschine. Sein Herz klopft freudig und die Augen funkeln vor Begeisterung. „Wir waren so schnell, wir hätten die Strecke zweimal schaffen können!"

Schnell klettert er in seinen Kobel und macht es sich so richtig gemütlich. Er freut sich schon auf morgen, wenn er seinen Waldfreunden von der Expedition in den Regenwald berichten kann.

-251.453.982

Glossar

Einige wichtige Begriffe aus dem Buch findest du hier.

Aufsitzerpflanze: Pflanzen, die auf anderen Pflanzen wachsen, meist auf Bäumen, ohne ihnen Nährstoffe zu entziehen.

Baumkronen: viertes Stockwerk des Regenwaldes. Hier leben die meisten Tiere des Regenwaldes, darunter viele Affen- und Vogelarten sowie Insekten.

Baumriesen (Überständer): fünftes Stockwerk des Regenwaldes mit sehr alten und hohen Bäumen, die das Blätterdach überragen. Hier leben vor allem Vögel wie Aras und Tukane.

Baumschicht: drittes Stockwerk des Regenwaldes mit geringerem Lichteinfall. Hier wachsen kleinere Bäume und Schmetterlinge, Kolibris und Pfeilgiftfrösche leben hier.

Boto: Süßwasserdelfin, der im Amazonas lebt und für seine ganz besondere rosa Hautfarbe bekannt ist.

Dschungel: sehr dichter und undurchdringlicher Wald. Er bietet für viele Tiere einen Lebensraum, auch für unbekannte Arten.

Expedition: Reise, bei der eine Gruppe von Menschen an einen bestimmten Ort geht, um etwas zu erforschen oder zu entdecken.

Indigene Völker: Menschen mit eigenen Traditionen, die seit sehr langer Zeit in einem bestimmten Gebiet leben, oft sehr naturverbunden und ursprünglich.

Krautschicht: erstes Stockwerk des Regenwaldes mit wenig Licht. Hier wachsen viele Pilze, niedrige Pflanzen und Tiere wie Insekten, Tapire und Jaguare haben hier ihren Lebensraum.

Regenzeit: Zeit des Jahres, in der es sehr viel regnet. Diese Periode dauert oft mehrere Monate, im Amazonas von Juli bis Dezember.

Strauchschicht: zweites Stockwerk des Regenwaldes mit Büschen, Sträuchern und niedrigen Palmen. Hier leben Nagetiere, Schlangen und Ameisen.

Treibhauseffekt: Sonnenlicht trifft auf die Erde, die Wärme wird reflektiert und von Treibhausgasen in der Atmosphäre eingefangen. Ohne diesen Effekt wäre die Erde zu kalt, aber zu viele Treibhausgase führen zu einer Überhitzung des Planeten.

Urwald: ein alter Wald, in dem die Natur ungestört wächst. Urwälder sind wichtig, weil sie vielen Lebewesen einen Lebensraum bieten und das Klima schützen.